Explora
ASIA

Bobbie Kalman y Rebecca Sjonger

🌳 Crabtree Publishing Company

www.crabtreebooks.com

Creado por Bobbie Kalman

Dedicado por Heather Fitzpatrick
Para mis queridos amigos, Ljiljana y Nihad Selimović

Editora en jefe
Bobbie Kalman

Equipo de redacción
Bobbie Kalman
Rebecca Sjonger

Editora de contenido
Kelley MacAulay

Editores
Molly Aloian
Michael Hodge
Kathryn Smithyman

Investigación fotográfica
Crystal Foxton

Diseño
Katherine Kantor

Coordinadora de producción
Heather Fitzpatrick

Técnica de preimpresión
Nancy Johnson

Consultor
Craig ZumBrunnen, Ph.D., Departamento de Geografía y Facultad de Estudios Internacionales Henry M. Jackson, University of Washington

Consultor lingüístico
Dr. Carlos García, M.D., Maestro bilingüe de Ciencias, Estudios Sociales y Matemáticas

Ilustraciones
Barbara Bedell: página 19
Katherine Kantor: páginas 5 (parte superior), 11 (mapa y leopardo), 14 (izquierda), 23
Robert MacGregor: portada (mapa), contraportada (mapa), páginas 6, 7, 14 (derecha), 16 (parte superior), 17 (parte inferior), 18 (parte superior), 20 (parte inferior izquierda), 21 (centro), 22 (mapa)
Vanessa Parson-Robbs: páginas 9, 24, 26 (parte superior), 28 (mapa), 30 (mapa), 31 (mapas)
Bonna Rouse: páginas 11 (tortuga), 20 (flor)
Margaret Amy Salter: páginas 11 (flores), 13 (copos de nieve), 15, 17 (parte superior), 20 (marmota), 21 (parte superior)

Fotografías
© Bryan y Cherry Alexander/Arcticphoto.com: página 21 (parte inferior)
Corbis: © China Photo/Reuters: página 29; © Carl y Ann Purcell: página 19
Dreamstime.com: Nasrulla Adnan: página 8; Marcus Brown: página 31 (parte inferior)
iStockphoto.com: portada, contraportada (parte inferior), páginas 1, 5 (parte inferior), 13, 15, 17, 20 (parte superior), 25, 26 (parte inferior)
© Lynn M. Stone/naturepl.com: página 22
© Shutterstock: Galina Barskaya: página 27; Wong Yick Heng: página 24; Marc C. Johnson: página 10
Otras imágenes de Corbis, Corel, Digital Stock, Digital Vision y Photodisc

Traducción
Servicios de traducción al español y de composición de textos suministrados por translations.com

Library and Archives Canada Cataloguing in Publication

Kalman, Bobbie, 1947-
    Explora Asia / Bobbie Kalman y Rebecca Sjonger.

(Explora los continentes)
Includes index.
Translation of: Explore Asia.
ISBN 978-0-7787-8289-6 (bound).--ISBN 978-0-7787-8297-1 (pbk.)

    1. Asia--Geography--Juvenile literature. I. Sjonger, Rebecca
II. Title.
III. Series.

DS5.K3418 2007   j915   C2007-904768-8

Library of Congress Cataloging-in-Publication Data

Kalman, Bobbie.
  [Explore Asia. Spanish]
  Explora Asia / Bobbie Kalman y Rebecca Sjonger.
     p. cm. -- (Explora los continentes)
  Includes index.
  ISBN-13: 978-0-7787-8289-6 (rlb)
  ISBN-10: 0-7787-8289-1 (rlb)
  ISBN-13: 978-0-7787-8297-1 (pb)
  ISBN-10: 0-7787-8297-2 (pb)
    1. Asia--Geography--Juvenile literature. I. Sjonger, Rebecca.
II. Title. III. Series.

  DS5.92.K35 2007
  915--dc22

                                                          2007030650

Crabtree Publishing Company

www.crabtreebooks.com   1-800-387-7650

Publicado en Canadá
Crabtree Publishing
616 Welland Ave.
St. Catharines, ON
L2M 5V6

Publicado en los Estados Unidos
Crabtree Publishing
PMB16A
350 Fifth Ave., Suite 3308
New York, NY 10118

Publicado en el Reino Unido
Crabtree Publishing
White Cross Mills
High Town, Lancaster
LA1 4XS

Publicado en Australia
Crabtree Publishing
386 Mt. Alexander Rd.
Ascot Vale (Melbourne)
VIC 3032

Contenido

Continentes y océanos 4

Direcciones en la Tierra 6

Países de Asia 8

Las seis regiones de Asia 10

Clima 12

Vías acuáticas en Asia 14

La tierra en Asia 16

Dos tipos de desiertos 18

Estepas llanas 20

La tundra congelada 21

Bosques llenos de árboles 22

La vida en las zonas rurales 24

La vida en las zonas urbanas 26

Recursos valiosos 28

Postales de Asia 30

Glosario e índice 32

Continentes y océanos

Los **continentes** son zonas enormes de tierra del planeta. Hay siete continentes. Del más grande al más pequeño son: Asia, África, América del Norte, América del Sur, Antártida, Europa y Australia y Oceanía. Este libro habla del continente de Asia.

Asia es el continente más grande de la Tierra.

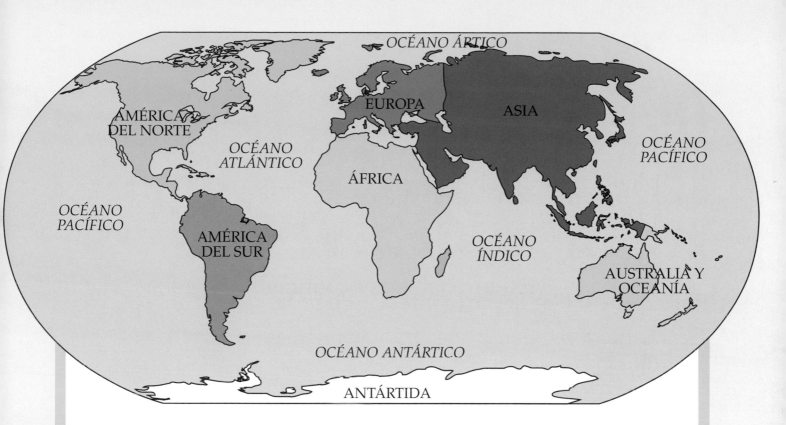

OCÉANO ÁRTICO

AMÉRICA DEL NORTE

EUROPA

ASIA

OCÉANO ATLÁNTICO

ÁFRICA

OCÉANO PACÍFICO

OCÉANO PACÍFICO

AMÉRICA DEL SUR

OCÉANO ÍNDICO

AUSTRALIA Y OCEANÍA

OCÉANO ANTÁRTICO

ANTÁRTIDA

Inmensas zonas de agua

Hay cinco **océanos** en la Tierra. Los océanos son las zonas de agua más grandes del planeta. Tienen diferentes tamaños. Del más grande al más pequeño son: el océano Pacífico, el Atlántico, el Índico, el Antártico y el Ártico. Encuentra los siete continentes y los cinco océanos en el mapa de arriba.

La mayor parte del océano Índico tiene aguas cálidas y transparentes.

Direcciones en la Tierra

Las cuatro **direcciones** principales en la Tierra son: Norte, Sur, Este y Oeste. El **Polo Norte** está en la parte superior de la Tierra. El **Polo Sur** está en la parte inferior de la Tierra. El clima siempre es frío cerca del Polo Norte y del Polo Sur.

POLO NORTE

N

O E

S

ECUADOR

ECUADOR

POLO SUR

Dividir la Tierra

Alrededor de la Tierra hay una línea imaginaria llamada **ecuador**. El ecuador rodea la Tierra en su parte central y la divide en dos partes iguales. Cerca del ecuador, el clima es cálido todo el año.

ASIA

La mitad superior

La parte superior de la Tierra se llama **hemisferio norte**. Se extiende desde el ecuador hasta el Polo Norte. La mayor parte de Asia está por encima del ecuador, en el hemisferio norte.

La mitad inferior

La parte inferior de la Tierra se llama **hemisferio sur**. Se extiende desde el ecuador hasta el Polo Sur. Parte de Asia está debajo del ecuador, en el hemisferio sur.

Países de Asia

En Asia hay 50 **países**. Un país es una parte de un continente. Un país tiene **fronteras**. Las fronteras son las zonas donde un país termina y empieza otro. Un país es dirigido por un grupo de personas. Este grupo de personas se llama **gobierno**.

*Maldivas es el país más pequeño de Asia. Está formado por un grupo de **islas**. Una isla es tierra rodeada por agua. Esta fotografía muestra una de las islas Maldivas.*

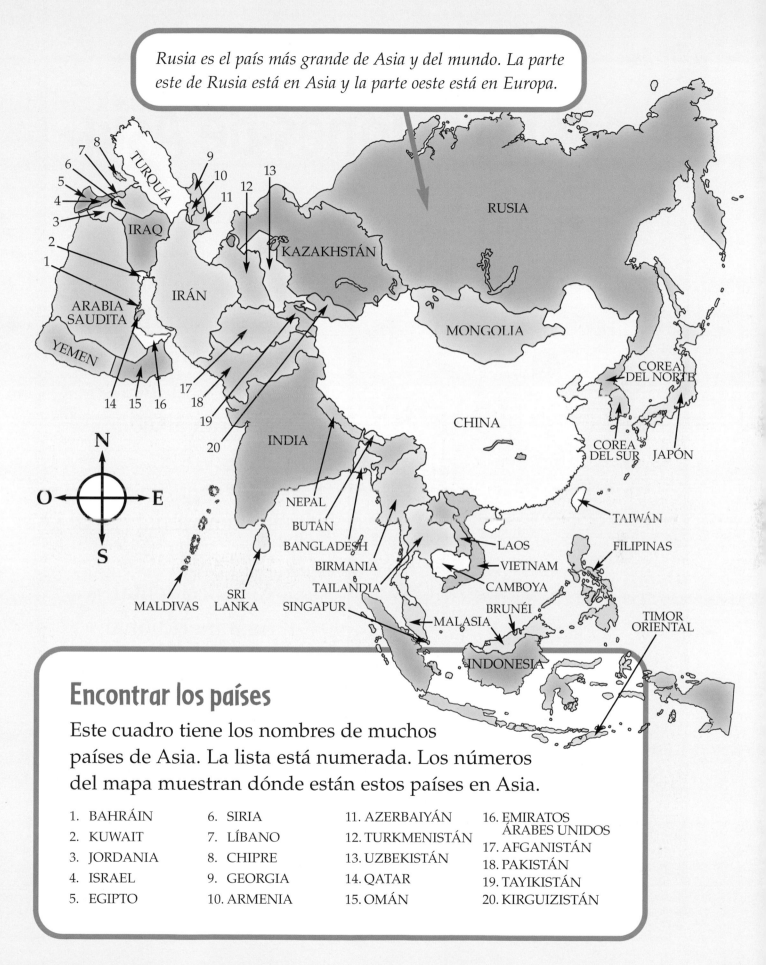

Rusia es el país más grande de Asia y del mundo. La parte este de Rusia está en Asia y la parte oeste está en Europa.

TURQUÍA

IRAQ

RUSIA

KAZAKHSTÁN

IRÁN

ARABIA SAUDITA

YEMEN

MONGOLIA

COREA DEL NORTE

N
O   E
S

CHINA

COREA DEL SUR   JAPÓN

INDIA

NEPAL

BUTÁN

BANGLADESH

BIRMANIA

TAILANDIA

SINGAPUR

MALDIVAS

SRI LANKA

TAIWÁN

LAOS

VIETNAM

CAMBOYA

FILIPINAS

BRUNÉI

MALASIA

TIMOR ORIENTAL

INDONESIA

Encontrar los países

Este cuadro tiene los nombres de muchos países de Asia. La lista está numerada. Los números del mapa muestran dónde están estos países en Asia.

1. BAHRÁIN
2. KUWAIT
3. JORDANIA
4. ISRAEL
5. EGIPTO

6. SIRIA
7. LÍBANO
8. CHIPRE
9. GEORGIA
10. ARMENIA

11. AZERBAIYÁN
12. TURKMENISTÁN
13. UZBEKISTÁN
14. QATAR
15. OMÁN

16. EMIRATOS ÁRABES UNIDOS
17. AFGANISTÁN
18. PAKISTÁN
19. TAYIKISTÁN
20. KIRGUIZISTÁN

Las seis regiones de Asia

Asia es un continente enorme. Es tan grande, que los países se agrupan en seis **regiones**. Las seis regiones se enumeran abajo.

1. Asia septentrional
2. Asia central
3. Asia occidental
4. Asia meridional
5. Asia oriental
6. Asia suroriental

Asia occidental también se llama "el Oriente Medio". Esta fotografía muestra parte de Omán, uno de los países de Asia occidental.

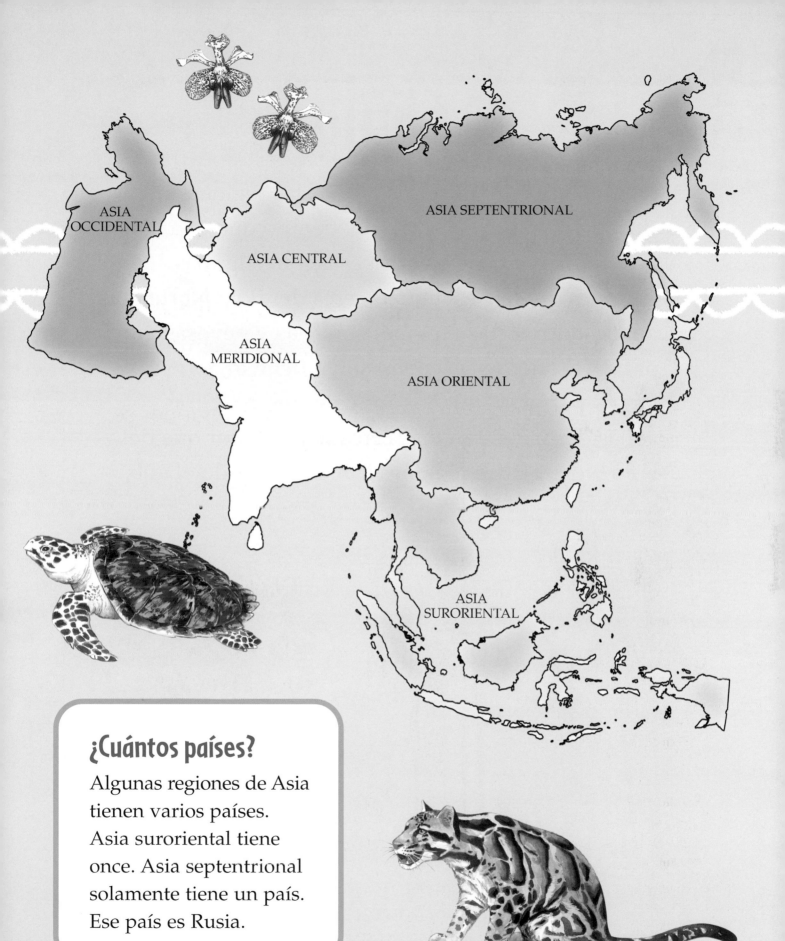

ASIA
OCCIDENTAL

ASIA CENTRAL

ASIA SEPTENTRIONAL

ASIA
MERIDIONAL

ASIA ORIENTAL

ASIA
SURORIENTAL

¿Cuántos países?

Algunas regiones de Asia
tienen varios países.
Asia suroriental tiene
once. Asia septentrional
solamente tiene un país.
Ese país es Rusia.

Clima

El **clima** no es el mismo en todas las regiones de Asia. El clima es el estado del tiempo que una zona generalmente tiene en cada estación. Algunas regiones de Asia están más cerca del Polo Norte que del ecuador. Estas regiones son frías y nevosas gran parte del año. Asia septentrional tiene inviernos largos y fríos, y veranos cortos y frescos. Otras zonas de Asia están más cerca del ecuador que del Polo Norte. Estas regiones son cálidas todo el año.

Asia suroriental está cerca del ecuador. Allí siempre es cálido. Esta fotografía muestra parte de Indonesia. Indonesia está en Asia suroriental.

Lluvia y nieve

En algunas regiones de Asia llueve mucho. En Asia meridional, Asia oriental y Asia suroriental cae mucha lluvia. En otras regiones de Asia llueve muy poco. Asia occidental y Asia central son regiones secas. Asia septentrional es muy fría la mayor parte del año. Allí nieva, pero no mucho porque la nieve no cae cuando hace mucho frío.

A veces nieva en otras regiones de Asia. Esta fotografía muestra la nieve en Japón. Japón está en Asia oriental.

Vías acuáticas en Asia

Tres océanos bañan las **costas** de Asia. La costa es la parte de tierra que toca un océano. El océano Ártico baña la costa norte de Asia, el Pacífico baña la costa este y el Índico baña la costa sur. También muchos **mares** bañan las costas de Asia. Un mar es una pequeña parte de un océano que tiene tierra alrededor.

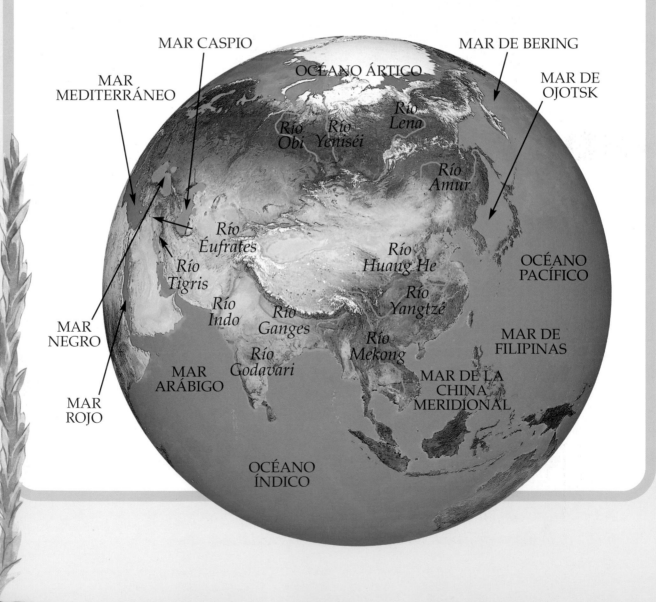

MAR CASPIO

MAR DE BERING

MAR MEDITERRÁNEO

OCÉANO ÁRTICO

MAR DE OJOTSK

Río Lena

Río Obi

Río Yeniséi

Río Amur

Río Éufrates

Río Huang He

OCÉANO PACÍFICO

Río Tigris

Río Yangtzé

Río Indo

Río Ganges

MAR DE FILIPINAS

MAR NEGRO

Río Mekong

Río Godavari

MAR DE LA CHINA MERIDIONAL

MAR ARÁBIGO

MAR ROJO

OCÉANO ÍNDICO

Una mirada a los lagos

En Asia hay grandes **lagos**. Un lago es una gran zona de agua que está rodeada por tierra. Uno de los lagos de Asia es el mar Caspio. Es el lago más grande de la Tierra. La mayoría de los lagos tienen **agua dulce**, la cual tiene muy poca sal. El mar Caspio es un lago de **agua salada**, la cual tiene mucha sal.

*En Asia también hay muchos **ríos**. El río Yangtzé está en China. Es uno de los ríos más largos del mundo.*

La tierra en Asia

Asia tiene muchas **montañas**. Las montañas son zonas de tierra altas con laderas empinadas. Una montaña es una clase de **accidente geográfico**. Otros accidentes geográficos son las colinas bajas, las **estepas** llanas y los **valles** anchos o angostos.

Las zonas de color marrón de este mapa muestran algunas montañas de Asia.

MONTE FUJI

montañas

Los leopardos de las nieves viven en montañas de Asia central.

Volcanes

Algunas montañas tienen una abertura en la cima. Estas montañas se llaman **volcanes**. De la abertura de un volcán a veces salen humo, ceniza y **lava**. En Asia hay muchos volcanes.

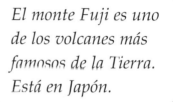

El monte Fuji es uno de los volcanes más famosos de la Tierra. Está en Japón.

Penínsulas

Asia tiene muchas **penínsulas**. Una península es tierra que se extiende en el agua y que está unida a una zona de tierra más grande.

La Península Arábiga está en Asia occidental. Es la península más grande de la Tierra.

PENÍNSULA ARÁBIGA

Dos tipos de desiertos

En Asia hay grandes **desiertos**. La mayoría de los desiertos son secos y cálidos, pero algunos son secos y fríos. Los desiertos cálidos de Asia están en Asia occidental, Asia meridional y Asia central. Los desiertos fríos están en Asia oriental.

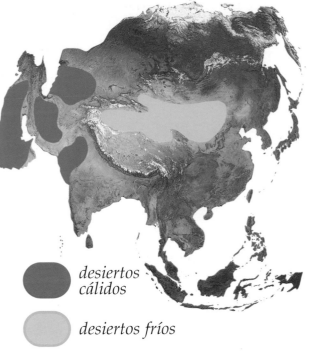

🔴 desiertos cálidos

⚪ desiertos fríos

Las plantas necesitan agua para sobrevivir. Las plantas no pueden crecer en la mayoría de los desiertos. Los desiertos son demasiado secos. En este desierto arenoso hay un río. Las plantas crecen junto al río, donde pueden conseguir el agua que necesitan.

Pocos animales

En los desiertos de Asia viven pocos animales. No hay suficiente agua para que la mayoría de los animales sobrevivan. En los desiertos de Asia hay camellos. Los camellos beben enormes cantidades de agua y la guardan en el cuerpo. Después, no necesitan volver a beber durante un largo tiempo.

La palabra "beduino" significa "personas que viven en el desierto".

Las personas del desierto

Muchas personas que viven en los desiertos asiáticos son **beduinos**. Los beduinos viajan de un lugar a otro en busca de suficiente agua para beber y alimento para comer.

Estepas llanas

Alrededor de los desiertos de Asia crecen muchos **pastizales**. Los pastizales son zonas grandes donde la tierra es principalmente llana. Allí hay muchas clases de pastos y algunas flores silvestres. En Asia, los pastizales se llaman **estepas**. Las amapolas son flores que crecen en las estepas asiáticas.

En las estepas crecen muy pocos árboles.

estepas

Datos importantes

En las estepas de Asia viven las marmotas bobac. Comen los pastos que crecen allí.

La tundra congelada

Rusia es el país que está más al norte en Asia. El norte de Rusia es frío y seco. Allí, la mayor parte de la tierra es llana. Esta tierra llana y fría se llama **tundra**. En invierno, la tundra se congela y se cubre de nieve. En verano, la capa superior del suelo se derrite y crecen algunas plantas pequeñas.

tundra

En la tundra viven personas. Ellas viajan sobre la nieve en trineos. Los trineos son tirados por renos.

Bosques llenos de árboles

En Asia hay **bosques**. Los bosques son zonas donde crecen muchos árboles. En Asia septentrional, los bosques están formados principalmente por **coníferas**. Las coníferas son árboles con hojas en forma de agujas. En partes más templadas de Asia hay otros tipos de bosques. Estos bosques tienen coníferas y **árboles de hojas anchas**. Los árboles de hojas anchas tienen hojas amplias y planas.

bosques

Los **bosques de bambú** tienen plantas del mismo nombre. Estos bosques crecen en Asia oriental. Los pandas gigantes viven en los bosques y comen plantas de bambú.

Selvas lluviosas

En Asia suroriental hay **selvas lluviosas tropicales**. Estas selvas crecen en zonas cálidas y húmedas. En las selvas lluviosas tropicales de Asia suroriental viven muchas clases de animales.

Los orangutanes viven en las selvas lluviosas tropicales de Asia.

La vida en las zonas rurales

En Asia viven cerca de cuatro mil millones de personas. La mayoría de los asiáticos viven en **zonas rurales**. Una zona rural es la que está fuera de una ciudad o de un pueblo. Los asiáticos rurales viven en diferentes clases de casas. En Asia central, muchos viven en **yurtas**. Un yurta es un hogar parecido a una tienda de campaña.

yurta

En Camboya, algunas personas viven en grupos de hogares de madera que flotan en el agua. Estos hogares flotan en el lago Tonle Sap. La mayoría de las personas que viven allí pescan para comer.

Mercados de alimentos

En Asia rural, muchas personas cultivan su propio alimento. Algunas personas los compran en **mercados**. Un mercado es un grupo de negocios que venden frutas, verduras y pescados. También venden ropa y otros artículos.

Esta mujer vende frutas y verduras en un mercado de Malasia.

La vida en las zonas urbanas

Las ciudades y los pueblos son **zonas urbanas**. Cientos de millones de personas viven en las grandes ciudades de Asia. Algunas de las ciudades asiáticas más pobladas son Tokio, en Japón, y Mumbai, en India.

Este mapa muestra algunas ciudades de Asia.

ESTAMBUL · EKATERIMBURGO · OMSK · NOVOSIBIRSK · TEHERÁN · LAHORE · PEKÍN · TOKIO · OSAKA · KARACHI · DELHI · WUHAN · SHANGHAI · BOMBAY · DHAKA · HONG KONG · CALCUTA · BANGALORE · BANGKOK · MANILA · YAKARTA

En Asia, muchas personas se mudan de las zonas rurales a las urbanas. Lo hacen para buscar trabajo, pero es difícil encontrarlo. Sin trabajo, algunas familias deben vivir en hogares de construcción pobre.

Esta fotografía muestra una parte de Tokio. En esta ciudad viven más de 12 millones de personas.

Recursos valiosos

En el suelo de Asia hay mucho petróleo. El petróleo es un **recurso natural**. Los recursos naturales son elementos que se encuentran en la naturaleza. Las personas venden recursos naturales para obtener dinero. El petróleo es un recurso natural **valioso**. Los países de todo el mundo compran el petróleo de Asia. Este mapa muestra dónde están algunos de los recursos naturales de Asia.

*Otros recursos naturales de Asia son las **cosechas** como té, pasas, arroz y soja.*

té

arroz

pasas

soja

petróleo

Destructoras de cosechas

En Asia a menudo hay **tormentas tropicales**. Las tormentas tropicales son temporales de lluvia con vientos fuertes que pueden causar **inundaciones**. Las inundaciones son aguas profundas en tierras que por lo general están secas. Los vientos fuertes y las inundaciones con frecuencia dañan las cosechas. Los agricultores no pueden vender las cosechas dañadas y entonces, no pueden ganar suficiente dinero para mantener a sus familias.

El agua de las inundaciones ha dañado las cosechas de esta familia.

Postales de Asia

Muchos **turistas** de todo el mundo visitan Asia cada año. Un turista es una persona que visita un lugar por diversión. Aquí se muestran algunos de los lugares turísticos más populares de Asia.

La Gran Muralla china está hecha con muros de piedra. Estos muros se construyeron hace mucho tiempo para proteger a China de sus enemigos. En total, estos muros miden cerca de 1,500 millas (2,414 km) de largo. Partes de estos muros tienen más de 2,000 años.

El Taj Mahal de la India es una hermosa **tumba** que se construyó a mediados del siglo XVII. El emperador Shah Jahan ordenó su construcción cuando murió su esposa, Mumatz Mahal.

Muchas personas visitan las interesantes estupas de Birmania. Las estupas son edificios **budistas** especiales.

Glosario

Nota: Es posible que las palabras en negrita que están definidas en el texto no figuren en el glosario

budista Persona que sigue las enseñanzas de Buda; palabra que describe algo que es parte de una religión llamada budismo

cosechas (las) Plantas que las personas cultivan para que sirvan de alimento

desierto (el) Zona cálida y seca en donde caen menos de 10 pulgadas (25 cm) de lluvia por año

estepa (la) Zona llana en la que crecen muchos tipos de pastos

lava (la) Roca líquida caliente que sale disparada de los volcanes

región (la) Una de las seis grandes zonas en las que se divide Asia

río (el) Gran cantidad de agua que fluye hacia un océano, lago u otro río

selva lluviosa tropical (la) Selva que crece en una zona cercana al ecuador y donde caen más de 100 pulgadas (254 cm) de lluvia al año

tumba (la) Lugar donde las personas son sepultadas después de que mueren

valle (el) Zona baja de tierra que está entre montañas

valioso Palabra que describe algo que cuesta mucho dinero o que las personas aprecian

Índice

bosques 22-23
clima 12-13, 23
continentes 4, 5, 8, 10
desiertos 18-19, 20
ecuador 6, 7, 12
estepas 16, 20
hemisferio norte 7

hemisferio sur 7
montañas 16, 17
océanos 4, 5, 14
países 8-9, 10, 11, 21, 28
Polo Norte 6, 7, 12
Polo Sur 6, 7

recursos naturales 28-29
regiones 10-11, 12, 13
tundra 21
vías acuáticas 14-15
volcanes 17
zonas rurales 24-25, 26
zonas urbanas 26-27

Impreso en Canadá